AF232753

IMPRESSIONS DE VOYAGE

DE FLEURANCE

A

SAINT-SÉBASTIEN

28 Août 1886

Par A.-J. MAURENS

Prix : 50 Centimes

FLEURANCE

LACOSTE, LIBRAIRE-ÉDITEUR

1886

IMPRESSIONS DE VOYAGE

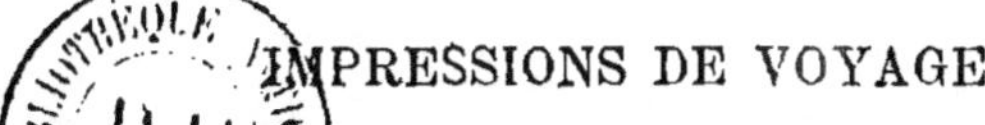

DE FLEURANCE A SAINT-SÉBASTIEN

TYPOGRAPHIE ET LITHOGRAPHIE J. CAPIN A AUCH

DE FLEURANCE A SAINT-SÉBASTIEN

C'était le 28 août 1886, au matin, le soleil se levait radieux et l'horizon, par son miroitement, semblait annoncer nos futurs succès. Nous partions avec un enthousiasme indescriptible, ayant pour compagne l'espérance qui devait nous conduire au triomphe.

Vous avez sans doute éprouvé cette lassitude qu'un long voyage enfante, ce cahotement insolite qu'on ne saurait trouver que sur la ligne du Midi et qui donne une idée du roulis d'un navire? Mais nous, favoris du sort, nous avons été véhiculés par un wagon rembourré! — Le fait est tellement extraordinaire que je devais le relater.

Ne croyez pas cependant que nous ayons été longtemps les enfants gâtés de cette compagnie qui possède le monopole des cahots; Tarbes nous réservait une véritable étuve, où, selon moi, nous devions braver l'inhumaine Atropos.

Malgré tout nous avons bien déjeuné, ayant eu soin d'emporter avec nous des mets que Vatel n'aurait pas reniés. Que de Gargantua! que de Gargantua! Rabelais en eut été satisfait.....

A peine la *table desservie,* nous arrivâmes à la cité bienheureuse, au pays d'Arcadie. Nous sommes à Lourdes. Là, athés, libres-penseurs, cahtoliques, etc..., tous, sans exception, veulent voir cette ville divine, si féconde en miracles! Elle est bien belle avec ses sites sauvages et agréables à la fois; en la voyant on songe aux visions séraphiques de Swedenborg. — Un cou de sifflet strident nous rappelle à la réalité et toujours longeant la riante vallée du Gave nous allons admirer la ville par excellence de nos voisins d'Outre-Manche. Vous avez sans doute deviné : Pau. Mais admirer n'est pas le mot, car nous n'avons pu voir que l'élégante façade du somptueux hôtel Gassion.—N'est-ce pas assez direz-vous. — Non, nous aurions voulu voir le château d'Henri IV et la carapace de la tortue qui lui servit de berceau.—Le train s'ébranle, ô bonheur ! voici le chateau avec ses deux tourelles reliées par un magnifique pont sur lequel se trouve l'entrée principale. Que de fois notre *Hénriot,* comme le nommait son père nourricier en lui disant : *« Té dioués gani aci praoubé Hénriot, n'oun bési nado pendrouillo èn nat planché dé ta maïsou»*, a joué dans ce vieux manoir tout en se livrant à une folle gaîté. Voltaire a érigé notre vert-galant en héros, sachant échapper au massacre de la Saint-Barthélemy en promettant de se faire catholique, promesse que le

temps ne démentit pas, car tous se rappellent son abjuration :
Paris vaut bien une messe.

> Henri Quatre dernier du nom, je le présume,
> En vrai gascon natif de Pau,
> A son peuple affamé promit la poule au pot.....
> Bon peuple ! en attendant, c'est toujours toi qu'on plume !!!

— En allant et revenant, n'ayant vu Bayonne, (du basque *baïa ona,* bonne baie) sur la Nive et l'Adour, je ne puis vous donner mon appréciation sur cette ville ; mais je puis dire qu'une intense et étouffante chaleur, de laquelle, sans baromètre, je n'ai pu connaître les degrés, nous fit endurer des souffrances sans nom, lorsque nous avons traversé ces collines que Dieu a pris soin de bien boiser et qui ne sont pas rares dans ces aimables et délicieux parages. Il nous venait lentement, des verdoyantes gorges des montagnes, un souffle rafraîchissant d'une caressante brise agitée par la douce haleine d'un léger vent qui, pour nous arriver aussi pur que possible, se tamisait au travers des branches de touffes d'arbres sur lesquelles de minces feuilles dormaient, presque immobiles, sur leurs tiges vertes semblables aux réflexions d'une lampe qui brûle laissant échapper ses rayons rosés à travers un verre dépoli, pour répandre un demi-jour lassif qui porte à la rêverie !

Hendaye et Irun se dessinent au loin comme deux masses informes. Quel brouhaha ! — Une foule sans cesse grandissante encombre ces deux gares.

Il est impossible de décrire notre arrivée à Saint-Sébastien où, d'ailleurs, nous sommes arrivés *à las 11 de la notche del mismo dia sabado.* Que de sociétés attendant leur délégué ; ces préposés cicerones qui devaient nous conduire aux lieux qui nous étaient préalablement désignés.

En quittant la gare, nous passons sur le pont du Chenal, pour aller prendre un café qui, en pareille circonstance, n'était pas à dédaigner.

Mais Morphée nous appelle, et sans doute, au grand déplaisir de cette divinité, nous avons été parqués, — je maintiens le mot, — un nombre indéfini de Français, dans un immense hôpital qu'on venait d'achever. La souplesse et la flexibililé des lits étaient un point noir à notre gaîté. Dormir est impossible à cause de quelques gais amis qui toute la nuit, en costume de Macabre, n'ont cessé de représenter l'ombre d'Hamlet.

Le 29 *agosto el domingo* avant que le jour n'ait paru on n'entendait qu'un cri : Allons voir la mer! Allons voir la mer !

Quel aspect grandiose, quel mirage, quelle fascination! des vagues ondoyantes et capricieuses venaient se briser à nos pieds.

De là nous nous rendîmes à la monumentale école communale, où devait avoir lieu, *à las 9 de la manana, el concierto de ejecucion.*

Après les sociétés de Salies de Béarn et les Enfants du Progrès, d'Orthez, on nous appela. Messieurs Laurentie et Celmon étant en retard, on nous accorda dix minutes de répit.

— Vous connaissez tous les résultats : *(ejecucion, chanteurs fleurantins, con felicitacion del jurado).* Pendant que nous chantions *les Marguerites,* j'observais M. Saintis qui, attentif prêtant l'oreille, ravi de ce léger bruissement semblable à une petite vague, et heureux d'entendre interprêter son œuvre avec sentiment, justesse et précision, s'empressa de venir nous féliciter, et serrant chaleureusement la main de notre directeur, il nous annonça le premier prix ascendant avec félicitations du jury.

Les concours avaient lieu en plusieurs endroits en même temps : *Al parque del Casino-Teatro principal, plaza de la constitucion, plaza de Guipuzcoa, a todos repetimos nuestros aplausos entusiastas, a las sociedades de la noble nacion francesa.*

Après le concours du matin nous avons éprouvé quelques difficultés à trouver un hôtel convenable, et ce n'est pas étonnant avec une si grande affluence de monde; mais grâce au dévouement et à la vigilante démarche de M. Telmon auprès de M. le Maire, qui de bonne grâce nous fit conduire au Grand Hôtel Berdejo, où nous avons fait des dîners plantureux présidés par des vins très généreux.

A la una de la tarde al teátro del circo concurso de honor à orpheones fueron adjudicados à los chanteurs fleurantins, el primero premio medalla de vermeil.

A trois heures, *las Corridas à la plaza de toros.*

En entrant, les yeux sont éblouis à l'aspect de ce grand tableau, panorama circulaire indescriptible.

On débute par la *cuadrilla*, c'est-à-dire tous les sujets acteurs se présentent irrévérencieusement aux spectateurs, et vont saluer l'Alcade.

La tauromachie est au-delà des Pyrénées, combats de taureaux, ce qu'était jadis les combats des gladiateurs. Ces fêtes sanglantes ont été importées en Espagne par les Romains. Trois picadores bardés de fer montés sur des chevaux dont les yeux sont bandés, la selle très haute devant et derrière, l'étrier recouvre complètement le pied du cavalier dont le talon est armé d'un long éperon aigüe qui n'est pas inutile pour les rosses. Les cavaliers n'ont pour toute arme qu'une longue pique avec laquelle ils attaquent les taureaux. (Alexandre Dumas devait avoir vu les bucéphales de nos *picadores*, lorsqu'il décrit les chevaux morts de Naples dans son coricollo.)

Ensuite plusieurs *matadores, toreadores, toreros, chulos,* munis de *capas,* de *muleta,* de lances, sont obligés de combattre à pied le taureau et de le mettre à mort. Entre tous ils partagent la gloire, si gloire il y a dans ces scènes sauvages. — Montes était jadis la *prima espada de todos las Espanas.*

Chaque *ganaria,* c'est-à-dire les troupeaux de combats, est parfaitement connue des *aficionados,* qui n'ont pas besoin, pour la reconnaître, de regarder la couleur de la *divisa.* La *divisa* est un nœud de rubans, fixé sur le cou de l'animal avant la course et qui sert à désigner à quelle *casta,* à quelle race il appartient : ainsi les taureaux de la *ganaderia gizona,* propriété du marquis de Casa Gavieria, se reconnaissent à la devise rouge ; ceux de *Vista Hermosa* portent le bleu et le blanc.

Les taureaux de chaque *casta* ont leurs qualités et leurs défauts particuliers ; ceux de *Salvatiera* sont braves, agiles et se défendent bien, mais ce feu ne dure guère ; ceux de *Gijon,* très légers au commencement de la course, deviennent lourds vers la fin.

Parmi les *ganaderias* les plus estimées, nous citerons celles de *Colmenar Viejo,* tout près de l'Escurial. Ces taureaux offrent beaucoup d'égalité dans la taille et le pelage ; leur robe brune jouit d'une réputation particulière en Andalousie. Ils paissent éloignés de toute habitation et ne voient que les *vaqueros* chargés de les garder.

Bien que la pureté des races soit entretenue avec le plus

grand soin, tous les sujets ne sont pas dignes d'être élevés pour le combat ; quand ils ont atteint l'âge d'un an, le *vaqueros*, qu'on appelle *el conocedor*, leur fait passer un examen. Monté sur un cheval vigoureux, la pique au poing *(garrocha)*, il juge des dispositions de ces animaux ; ceux qui prennent la fuite ou reçoivent le choc avec trop de mollesse, sont mis de côté comme indignes de périr par l'épée.

Condamnés à devenir des bœufs, ils porteront le joug ou seront engraissés pour la boucherie ; quant à ceux annonçant de la bravoure, ils sont marqués au moyen d'un fer chaud, opération qui s'appelle la *herradura*. Au bout de quelque temps le jeune sujet devient un *novillo* (bœuf d'un an) ; il doit alors subir une nouvelle épreuve, mais comme il a déjà acquis assez de force pour devenir dangereux, il faut qu'il soit préalablement *embolado*.

Il y a des *novillos, novillas* et *novilladas*. L'opération d'*embolado* n'est pas toujours des plus faciles, elle se fait au moyen d'une machine assez compliquée, composée de pièces de bois destinées à assujettir la tête de l'animal ; une fois qu'elle est solidement fixée on garnit les cornes comme on ferait pour moucheter la pointe d'un fleuret.

Les vrais *aficionados* méprisent les *novilladas,* comme de vains simulacres, comme un drame sans dénouement, puisque les *novillos,* après avoir reçu quelques coups de piques et de *banderillas,* rentrent paisiblement à l'étable pour servir à la prochaine occasion.

C'est vers l'âge de deux ans que les *toros* de la *muerte* sont jugés dignes de figurer dans une *corrida.* Il faut alors les diriger vers la ville. Ce voyage n'est pas sans danger, car il s'agit de diriger une troupe d'animaux farouches, que la vue du premier objet venu peut mettre en fureur.

Il serait même tout-à-fait impossible d'en venir à bout sans les *Cabestros* (grands bœufs), parfaitement inoffensifs qui paissent dans les pâturages en compagnie des taureaux qui, habitués à eux dès l'âge le plus tendre, les suivent avec une étonnante docilité, ce qui diminue les risques d'accidents. Le voyage des taureaux a toujours lieu dans la nuit. Les *cabestros* ouvrent la marche et sont appuyés par les *vaqueros* qui, la pique au poing, chargent les animaux récalcitrants. Avant d'arriver au terme de leur voyage, les taureaux s'arrêtent dans un endroit peu distant de la ville : de là, les *vaqueros* les conduisent rapidement, la veille de la course, jusqu'à la *plaza*. Ce dernier voyage n'est pas non plus sans dangers pour les passants et les gens du peuple qui, très avides de tout ce qui touche aux taureaux, se portent en foule sur leur passage. Une fois arrivés à la place des courses les taureaux sont enfermés dans le *corral* (étable) en attendant qu'on procède à *l'apartado*, nom qu'on donne à une opération, pour les faire passer un à un dans une espèce de cellule étroite et obscure ; le *toril*, dernière prison du taureau et qu'il ne doit plus quitter que pour aller au combat, c'est-à-dire à la mort. L'*apartado* a lieu quelques heures avant la course ; les *aficionados* s'y donnent rendez-vous comme chez nous les sportmens dans l'enceinte du pesage ; seulement c'est un plaisir beaucoup moins dispendieux, puisqu'il ne coûte qu'une *peseta*.

On introduit les *cabestros* dans l'enceinte où sont réunis les taureaux qui s'amusent à échanger de temps en temps quelques horions. L'arrivée des pacifiques animaux au milieu de la troupe belliqueuse, met fin à ces escarmouches ; un des *vaqueros* appelle un *cabestros*, une porte s'ouvre pour lui donner passage et un taureau le suit jusque dans un compartiment où on le laisse seul. Le *cabestro* est ramené dans l'enceinte et le même manège se répète autant de fois qu'il y a de taureaux.

Au-dessus des divers compartiments ou cellules règne une galerie avec balustrade à hauteur d'appui où viennent aboutir des cordes servant à ouvrir et à refermer les portes de chaque cellule; les taureaux y sont placés suivant l'ordre qu'ils doivent occuper dans le combat. L'*apartado* dure quelquefois assez longtemps à cause des complications qui surviennent. Ainsi, il arrive qu'au moment ou le *cabestro* sort de l'enceinte, deux taureaux se précipitent sur son passage; il s'agit alors de faire rétrograder celui qui a devancé son tour; parfois aussi un taureau entre dans une cellule qui ne lui est pas destinée, il faut alors l'en faire sortir, pour l'obliger à passer dans une autre.

Ces changements ne s'effectuent pas sans quelques vigoureux coups de pique administrés par le *vaqueros* et auxquels les taureaux répondent par des coups de cornes qui font trembler les planches des cloisons.

Voilà de quoi satisfaire les plus exigeants en matière de *corrida,* spectacle qui s'adresse aux yeux avant d'attrister le cœur. On peut chiffrer à l'aise l'hécatombe des beaux taureaux aux luisantes cornes, aux flancs arrondis et aux larges fanons, tout en comptant aussi les chevaux éventrés, desquels les entrailles se répandent jusqu'à terre et tous les hommes qui figurent dans ce divertissement rouge.

Je renvoie le lecteur curieux de ces sortes de renseignements à des arguments mieux construits, plus concluants, par une plume ou crayon, deux outils maniés par des ouvriers d'un autre ordre que moi.

La *corrida* est le sport espagnol, et la *plaza* leur *Epson* (ville d'Angleterre où ont lieu les courses aux chevaux, ou leur derby.) Les taureaux d'Espage ont leur *Stud-Book*, leur généalogie en règle de tout temps. Pardonnez-moi si je ne puis mieux dépeindre le turf, les turfistes, les sportmens et les boochmakers espagnols.

Les *banderilleros* et les *chulos* en culottes courtes de satin, en bas de soie, en veste historiée de toute sorte, portant sous le bras la *capa*, manteau d'étoffe rouge qu'ils déploient, et font papillonner devant les yeux des taureaux pour les exciter; on se sert aussi quelquefois dans les courses de nuit d'une flèche barbelée et munie d'un petit feu d'artifice pour les stimuler. *Los picadores* ne diffèrent des précédents que par le costume. Il se compose d'une veste courte qui ne se boutonne pas, en velours de couleur voyante et richement brodée d'or ou d'argent, ornée de franges et de boutons en filigrane, d'un gilet du même genre, d'une chemise à jabot, d'une cravate jetée négligemment autour du cou, d'une ceinture de soie et d'un pantalon en peau de buffle fauve rembourré ou garni de fer comme des bottes de postillon, pour préserver les jambes des atteintes du taureau ou des chutes du cheval.

Un chapeau gris, bas de forme et large de bords, qui disparaît sous des flocons de rubans, complète cet ajustement.

La espada ordinairement élancé, alerte, découplé, de haute taille et de forme athlétique ne diffère de ce dernier que par la richesse de son costume. Ses armes sont : une longue épée dont la poignée a la forme d'une croix, et un morceau d'étoffe rouge.

J'ai vu cinq épreuves où ont péri trois chevaux et un taureau à chaque.—Après l'entr'acte obligé, et à chaque épreuve,

six mules magnifiquement harnachées, encombrées de plu-
mets, de grelots, de pompons de laine, de petits drapeaux
jaunes et rouges aux couleurs d'Espagne, entrèrent au galop
dans l'arène. Cet attelage est destiné à enlever les cadavres.

Les garçons de service arrivèrent avec des corbeilles ou des
sacs pleins de terre, et saupoudrèrent les mares de sang
où le pied des *toreros* aurait pu glisser.

Il n'y a pas de clownerie d'aucune espèce. Puis les *picadores* reprirent leurs places à côté de la porte, l'orchestre
joua une maigre fanfare, et un autre taureau s'élança dans
l'arène. Le spectacle n'est jamais suspendu à cause d'un
incident quelconque, pas même la mort d'un *torero*.

Le public espagnol est très impartial et applaudit l'homme
ou le taureau suivant leurs mérites. — Néanmoins j'ai cru
m'apercevoir qu'on aime moins à applaudir les traits de
l'homme que ceux du taureau. On siffle volontiers l'homme
tandis qu'on met beaucoup d'enthousiasme à applaudir
l'animal. Parmi le grand nombre de spectateurs de cette
vaste enceinte, que l'œil peut à peine embrasser, j'ai vu
dans les gradins supérieurs aux places réservées, non loin
de la loge de la *reina gobernadora* à côté de celle de *l'ay-
untamiento* de *l'alcalde* dans des loges louées comme à
l'Opéra, des groupes de *senors* à la mise correcte, semblables
à nos modernes gommeux, petits crevés aspirant les *rr*,
comme les merveilleux incroyables du Directoire. Parmi eux
des anciens *hidalgos* des *molinas*, quoique l'air grave, la
pose magistrale, la face encadrée de gros favoris grisonnants
et des lunettes aussi immuables que Dieu, montraient à
chaque action plus ou moins émouvante un visage réjoui.

Je ne saurais oublier les ravissants essaims de *manolas*,
senoras, mêlées d'un grand nombre de *senoritas* au teint mat,

d'une si rare beauté à ne rien emprunter aux trois grâces, adorables déesses compagnes de Vénus! Des yeux langoureux et noirs bien fendus, ombragés par des cils d'ébène, des dents à ternir l'ivoire, recouvertes par des lèvres charnues et vermeilles formant le contour d'une admirable petite bouche, des toilettes élégantes et gracieuses, tout soie et dentelles, parées de diamants aux mille feux étincelants. — Aux scènes émouvantes, tout en s'éventant, elles agitent avec fébrilité leur fin mouchoir de batiste en criant de leur douce voix, *bueno! bueno! viva la espada,* ou un autre.

Je dois terminer en disant que les deux premiers taureaux étaient un peu dociles et peu disposés au combat à l'égard du troisième animal, farouche, reniflant, grattant la terre comme un lion qui rugit, et qui, à un moment donné, bondissant avec rage, comme un chien qui veut mordre, sauta la *talanquera* en poursuivant l'écarteur dans le couloir qu'il n'abandonna que lorsque ce dernier ressauta dans l'arène avec lui. Ce fut un incident des plus remarquables de la course, qui a été applaudi d'une manière frénétique par toute l'assemblée. L'hécatombe des chevaux est de peu d'importance, on me dit qu'ils coûtaient 10 fr. l'un.

Somme toute, la *corrida* ne peut avoir d'autre attrait que celui qu'on peut éprouver dans un drame sanglant.

Le soir, plus de victimes dans cette immense arène; il n'y avait que vainqueurs et vaincus qui, le matin, ayant lutté courtoisement, venaient recevoir et connaître leurs succès ou leurs défaites. A la *nueve y cuarto a la plaza del toril convertida en tribunal del jurado, comenzo el festival a los focos electricos, el maestro Laurent de Rillé dirigio briosamente la ejecucion del coro* Patria, *cantado por todos los orfeones y acompanado por todas las musicas.*

A 9 heures du soir, *la fiesta de la noché*, splendide festival. Les arènes étaient éclairées à la lumière électrique ; les arbres de toutes les avenues et des boulevards étaient chargés de myriades de globes et lanternes multicolores.

Pendant que les orphéons chantaient *Patria, pieza impuesta,* dirigés par Laurent de Rillé avec accompagnement de musiques, j'eus la curiosité de mesurer diamétriquement cet immense amphithéâtre qui a 71 mètres de diamètre, et 14 rangées de gradins qui font une hauteur vertigineuse, pouvant contenir de 14 à 15,000 spectateurs.

Après la distribution des récompenses nous rentrâmes à la caserne, où nous allions goûter une nouvelle vie des camps.

Lunes 30 agosto, à la manana, j'ai admiré les belles rues de St-Sébastien munies de larges trottoirs de granit et bordées de magnifiques maisons, quelques-unes modelées sur celles du boulevard des Italiens ; l'arc de triomphe provisoire en l'honneur de la reine-mère ; les promenades, la rangée d'arcades au style de celles de la rue de Rivoli. Ensuite, j'ai visité la citadelle, la mairie, le casino en construction, les *Iglésias San Vicente et la bella Sta-Maria*; puis, les beaux cafés, parmi lesquels je citerai celui de la Marine, du Commerce et des Français.

Après le fin déjeûner, aux mets délicats et succulents à la Lucullus, qu'on eût dit préparés par l'habile Laroche, après la savoureuse traditionnelle tasse de moka mêlé au martinique fin vert que le gourmet poète Delille, charmé du précieux parfum, aimait à en broyer la luisante noix, j'ai humé avec bonheur un havanais !

Il était midi, il faisait une chaleur atroce à dégoûter le plus intrépide touriste. Lasse de contempler tant de choses plus belles les unes que les autres, ma vue était fatiguée, et mon corps à demi-rompu demandait du repos. J'allais alors faire une petite halte à la délicieuse esplanade. N'ayant pas, pour m'asseoir, des fauteuils à la Voltaire, ni comme le paresseux sultan des coussins en duvet de cygne, je me contentais d'un siége en bois, au dossier gracieusement renversé, qu'ombrageaient les rameaux verts d'un magnifique platane, adhérant au piédestal d'un superbe candélabre en bronze doré à cinq branches munies chacune d'un énorme globe en cristal disposé pour l'éclairage électrique. Là, me délassant paisiblement, reposant à l'aise, mes regards, toujours avides d'éclatantes merveilles, admiraient les immenses échappées de ces belles allées. Je pus contempler ainsi des groupes joyeux dansant, autour d'un bruyant orchestre placé sur un élégant kiosque, le burlesque *fandango* aux sons du *bolero*.

A 3 heures de *las tardes*, deux heures de promenade sur mer, ascension au phare où, par une chaleur torride, nous avons péniblement gravi une énorme masse de terre (mont escarpé), et sommes arrivés au sommet de la tour où est placé le fanal.

De ce plateau garni d'arbustes, de végétaux de toutes les espèces et de petits jardinets qu'on dirait avoir été dessinés par Le Nôtre ; de ce point de vue attrayant, de quelque côté que vous regardiez l'étendue immense, infinie de l'Océan, l'aspect en est si grandiose qu'on éprouve une sensation qui rend muet. Là, en prenant un moment de repos, on pût se faire servir *una copa de cidra* ou *una copa de cerbeza*.

Pendant que nous voguions doucement sur la plaine liquide, sous la sauvegarde d'Amphitrite et sous la protection de son mari, nous chantions en chœur : *Gais matelots*.

Néanmoins, j'avoue franchement, ce que *(in petto)* d'autres, sans doute, pensaient aussi, qu'il me tardait d'atterrir.

Saint-Sébastien est une station balnéaire réputée ; aussi, instinctivement de plaisirs en plaisir, nous nous acheminâmes vers l'agréable lieu de délices, endroit plat et sablé, enrichi de remarquables et brillants galets argentés à la transparence de purs diamants, lorsque l'éclatant Phébus y plonge ses doux rayons :

> Où les dames s'en vont le matin !
> Baigner épaules de satin,
> Et jambes roses.
> La vague apporte son baiser
> Et l'Océant vient se briser
> Sur bien des choses !
> Au grand émoi des matelots,
> On voit alors surgir des flots,
> Où d'un corsage.....
> Maints récifs qu'on ignorait,
> Tendre écueil où l'on voudrait
> Faire naufrage !!

Le lundi soir, à onze heures, à l'issue des courses de taureaux à la lumière électrique, nous dûmes diriger nos pas vers le lieu du départ annoncé par les journaux à minuit un quart et dire adieu à cette ville charmante, nouvel éden terrestre d'une propreté irréprochable, n'ayant pas le moindre détritus dans les rues, sans cesse arrosées de la même manière que celles de Paris.

Avant de quitter cette puissance amie, je dois rappeler qu'elle a vu naître le Cid Rodrigues Diaz de Bivart, surnommé le héros castillan, né à Burgos vers l'an 1030, mort à Valence en 1099, qui se signala par ses exploits sous le règne de Ferdinand, Sanche ii et Alphonse vi, roi de Léon et de Castille, vainqueur de cinq rois maures qui le qualifièrent en le saluant de Seïd ou Cid (seignor).

Les gens y sont très sympathiques, d'un abord gracieux, très sociables, aux allures convenables. Des toilettes somptueuses sont portées par les deux sexes, on s'aperçoit bien vite que l'inconstante et capricieuse mode française y prodigue son bon goût.

Arrivés à la gare, où régnait un désordre inénarrable, nous nous engouffrâmes confusément pêle mêle dans les wagons.

Pas un signal annonçant le départ, pas un coup de sifflet, aussi à mon grand étonnement j'ai senti le train se mouvoir lourdement vers notre chère France.

A tous les cœurs bien nés, que la patrie est chère.

Nous allions à nos grands regrets, quitter ce pays que la lyre de Victor Hugo a chanté avec des accents majestueux, ce pays si fécond en héros, ce pays qui a subi les lois des temps, ne pouvant malgré ses efforts, secouer ce joug de fer que la fatalité a apporté avec elle, et qui le fait errer sans cesse dans un dédale hérissé de dangers que le moindre choc métamorphoserait en guerre inique et barbare, qu'on nomme guerre civile.

Pauvre Espagne, de ton ancienne grandeur tu n'en conserves que quelques vestiges ; ta dignité seule est sortie victorieuse et sans tâche de ce combat que tu avais engagé avec trop de puérilité, contre ce Briarée qu'on nomme progrès.

Nous approchons d'Irun et d'Hendaye, quelques-uns d'entre nous songent, non sans crainte, à la vigilance intégre de ces éternels regardeurs de frontières. Une anxiété atroce tourmentait nos fraudeurs, le nom de douanier les glaçait d'effroi. Ce danger imaginaire était d'une futilité dont rien n'approche, ils ont subi le même sort, comme le dit notre inimitable fabuliste de : «Jean s'en alla comme il était venu.»

Une heure de halte à Bayonne, n'a pu nous donner le plaisir d'admirer cette ville et surtout sa belle forteresse construite par Vauban.

Rien à mentionner pour la fin de notre voyage si ce n'est notre déjeûner pantagruélique de Tarbes. Gargantua éclipsé par Pantagruel; aussi, nous entonnerons un *Te deum* en l'honneur de ce personnage fictif du bon curé de Meudon. Nous partions de Tarbes à midi vingt-cinq, harassés par des excès de fatigue, inondés de sueur, buvant de l'eau à chaque station, nous devions fatalement arriver à Fleurance, tous sans exception, plus ou moins enroués. Une impatience fébrile régnait parmi nous, notre train était un nouveau Rossinante, j'aurais volontiers enfourché Pégase pour arriver plus vite à notre chère cité.

Enfin nous y voilà !... J'entends la cloche de la gare annonçant notre arrivée.

Notre sympathique et fraternelle musique nous a reçus aux mâles accents de la *Marseillaise,* nos citadins bravant les rayons ardents du soleil se sont rendus en foule compacte à la gare pour prendre part à cette petite fête. Nos chers compatriotes ont offert à notre président une énorme couronne entourée d'un ruban rouge portant cette inscription : *Hommage aux chanteurs fleurantins,* ainsi qu'un bouquet éblouissant de fraîcheur, *emblème de nos charmantes fleurantines.*

De la gare chez notre président, M. Laurentie, un immense cortége, témoignage vivant des succés que nous venions de remporter, nous a accompagnés avec une joie délirante, et sur notre passage, de temps à autre, on voyait les croisées regorgeant de curieux. A 9 heures du soir, les autorités nous ont gracieusement offert un punch à la Mairie où notre premier adjoint a porté un toast à l'union fraternelle des deux sociétés.

Pardonnez-moi lecteur si, dans mes *impressions de voyage*, vous trouvez quelques pathos, mon inexpérience en est cause.

J. MAURENS.

AUCH. — IMPRIMERIE ET LITHOGRAPHIE J. CAPIN.